Richard Wagner

Tannhäuser
und
der Sängerkrieg auf Wartburg

Klavierauszug
Vocal Score
Chant et piano

Könemann Music Budapest

PERSONEN

Hermann, Landgraf von Thüringen .... *Bass*
Tannhäuser .... *Tenor*
Wolfram von Eschinbach .... *Bariton*
Walther von der Vogelweide } Ritter und Sänger .... *Tenor*
Biterolf .... *Bass*
Heinrich der Schreiber .... *Tenor*
Reinmar von Zweter .... *Bass*
Elisabeth, Nichte des Landgrafen .... *Sopran*
Venus .... *Sopran*
Ein junger Hirt .... *Sopran*
Vier Edelknaben .... *Sopran und Alt*

Thüringische Grafen, Ritter und Edelleute, Edelfrauen, Ältere und jüngere Pilger, Sirenen, Najaden, Nymphen, Bachantinnen

INDEX

Tannhäuser
und
der Sängerkrieg auf Wartburg

Ouverture

Richard Wagner

Allegro. ♩ = 80.

8

12

Molto vivace.

Assai stretto.

Akt I.
SCENE I.
Der Venusberg.
№ 1. Bacchanal.

Die Bühne stellt das Innere des Venusberges dar. Weite Grotte, welche sich im Hintergrunde durch eine Biegung nach rechts wie unabsehbar dahin zieht. Im fernsten sichtbaren Hintergrunde dehnt sich ein bläulicher See aus; in ihm erblickt man die baden- den Gestalten von Najaden; auf seinen Ufervorsprüngen sind Sirenen gelagert. Im äussersten Vordergrunde links liegt VENUS auf einem Lager ausgestreckt, vor ihr halb kniend TANNHÄUSER, das Haupt in ihrem Schoosse. Die ganze Grotte ist durch ro- siges Licht erleuchtet.— Den Mittelgrund nimmt eine Gruppe tanzender Nymphen ein; auf etwas erhöhten Vorsprüngen an den Seiten der Grotte sind liebende Paare gelagert, von denen sich einzelne nach und nach in den Tanz der Nymphen mischen.

Allegro molto. ♩ = 132.

Ein Zug von Bacchantinnen kommt aus dem Hintergrunde in wildem Tanze

dahergebraust; sie durchziehen mit trunkenen Gebärden die Gruppen der Nymphen und liebenden Paare, welche durch sie

bald zu grösserem Ungestüme hingerissen werden.

Mit dem Momente der trunkensten, bacchantischen Wuth tritt eine schnell um sich greifende Erschlaffung ein.

Tempo I.

Die liebenden Paare scheiden sich allmählig vom Tanze aus und lagern sich wie in angenehmer Ermattung auf den Vor-

sprüngen der Grotte; der Zug der Bacchantinnen verschwindet nach dem Hintergrunde zu, vor welchem sich ein immer

dichter werdender Duft ausbreitet. Auch im Vordergrunde senkt sich allmählig ein dichterer Duft herab und verhüllt die

Gruppen der Schlafenden wie in rosige Wolken, so dass endlich der sichtbare Theil der freigelassnen Bühne sich nur noch

auf einen kleinen Raum beschränkt, in welchem VENUS und TANNHÄUSER in ihrer früheren Stellung allein zurückbleiben

Etwas langsamer.

SIRENEN.
(in weiter Ferne.)

ritenuto (♩=♩)

Naht euch dem Stran - - de!

ritenuto

Tempo I.

ritenuto

Naht euch dem Lan - - de!

ritenuto

Tempo I.

SCENE II.
Venus und Tannhäuser.
№ 2. Duett.

Tannhäuser zuckt mit dem Haupte empor, als fahre er aus dem Traume auf. Venus zieht ihn schmeichelnd zurück.

K 1010

Lento. TANNH.

Was fasst dich an? Die Zeit, die hier ich verweil', ich kann sie nicht er-

Moderato.

messen! Ta-ge, Mon-de giebt's für mich nicht mehr, denn nicht mehr se-he ich die

Sonne, nicht mehr des Himmels freundliche Ge-stirne; den Halm seh' ich nicht mehr, der frisch er-

più lento.

grü-nend den neu-en Som-mer bringt; die Nachtigall hör' ich nicht mehr, die mir den

schnell. VENUS.

Lenz ver-kün-de! Hör' ich sie nie, seh' ich sie niemals mehr?

(sich im Lager anrichtend.) Ha,

Allegro.

was vernehm ich! Wel - che thör'ge Klagen! Bist du so bald der

holden Wunder müde, die meine Lie-be dir be - reitet? Oder wie? Reut es dich so

sehr ein Gott zu sein? Hast du so bald ver - gessen, wie du einst ge-

lit-ten, während jetzt du dich er-freust?

Allegro.

Mein Sän-ger, auf! Er - grei-fe dei-ne Har-fe! Die Lie-be fei-re, die so

herrlich du be-singst, dass du der Liebe Göt - tin sel - ber dir ge-wannst,___ die

Lie-be fei-re, da ihr höchster Preis___ dir ward!

Tannh., zu einem plötzlichen Entschlusse ermannt, ergreift seine Harfe und stellt sich feierlich vor Venus hin.

(Harfe.)

Allegro. ♩ = 69.

TANNH.

Dir tö - ne Lob! Die Wunder sei'n ge - prie - sen, die dei - ne Macht mir

Glück-lich-em er-schuf! Die Won - nen süss, die deiner Huld ent-spriessen, er-

heb'___ mein Lied___ in lau-tem Ju-bel-ruf! Nach Freu- -de,

ach! nach herr- lichem Ge - nie - ssen ver-langt' mein Herz, es

dür - stete mein Sinn: da, was nur Göt - tern ein-sten du er-

wie - sen, gab dei - ne Gunst mir Sterb - lichem da-hin. Doch

etwas langsamer

sterblich, ach! bin ich ge - blie - ben; und ü-bergross ist mir dein Lie-

schneller

ben; wenn stets ein Gott_____ ge-nie-ssen

schneller

kann, bin ich dem Wech- -sel un-ter-than; nicht

Lust al-lein liegt_____ mir am Her-zen, aus Freu- -den

sehn' ich mich nach Schmer- -zen! Aus dei-nem Rei-che muss ich

fliehn,____ o Kö-nigin! Göt-tin! lass___ mich

Moderato.

VENUS.

zieh'n!

Was muss ich hö - ren? Welch' ein

Sang! Welch' trü - bem Ton verfällt dein Lied? Wo-hin floh __ die Be -

geist'- rung dir, die Won-ne-sang __ dir nur ge - bot? Was ist's? Worin war meine

Lie-be lässig? Ge - lieb - ter, wessen klagest du mich an?

Allegro.

hier;— kein Land der wei-ten Er - - de bie- - tet

Glei- -ches, was sie be-sitzt, scheint leicht___ entbehrlich

dir. Doch ich, aus die-sen ros'- -gen Düf-ten ver-

lan- -ge nach des Wal - -des Lüf-ten, nach uns'-res

Him- -mels kla-rem Blau, nach uns'-rem fri-

-schen Grün der Au',— nach uns'-rer Vög- -lein lie- -bem

San - ge, nach uns'- rer Glo- -cken trau - tem Klan-ge,— aus

schneller dei- -nem Rei- -che muss ich fliehn! O Kö - nigin! Göt-

-tin, lass— mich ziehn! VENUS. (von ihrem

Treu-

Lager aufspringend.)

lo-ser! Weh', was lässest du mich hören? Du wa- gest meine Lie - be zu ver-

K 1010

39

höhnen! Du prei - sest sie und willst_sie dennoch flieh'n! Zum

Ü - - ber-druss ist dir mein Reiz ge - diehn!

TANNH.

Ach! schö - ne Göt - tin! Wol-le mir nicht

Zum Ü - - ber-druss ist dir mein Reiz ge - diehn!

zür - nen! Dein

Weh' dir, Ver - räther!

ü - - - bergrosser Reiz ist's, den ich flie - he!

Heuchler! Undank - barer! Weh'!   Ich lass'dich nicht! Du darfst nicht von mir

Nie war mein Lie - - ben grö-sser.   nie - -

zichen! Weh' dir, Ver - rä - ther! Un - - dank -

- mals wah - rer, als jetzt, da ich für e - wig, für

ba - rer! Ich lass'dich nicht! Du darfst nicht von mir ziehn! Ich lass'dich nicht!

e - - wig dich muss fliehn, jetzt, da ich für e - - wig, für

Du darfst nicht ziehn! Ach! _____

e - - wig dich muss fliehn! _____

Venus hat ihr mit den Händen bedecktes Gesicht leidenschaftlich von Tannhäuser abgewendet; nach einer Pause wendet sie es ihm lächelnd und mit verführerischem Ausdrucke wieder zu.

Moderato. ♩ = 58.

VENUS. *p*

Ge-lieb-ter, komm! Sieh' dort die Grot-te, von ros'-gen

Düf-ten mild durch-wallt! Ent-zü-cken böt' selbst einem

Got-te der süss'-sten Freu-den Au-fent-halt.

Besänftigt auf dem weichsten Pfüh-le, flieh' dei-ne Glieder je-der

Schmerz! Dein bren - nend Haupt um - we - he Küh - le, won - ni - ge

Gluth durch-schwel-le_ dein Herz! Aus hol - der Fer - ne

mah-nen süsse Klän - ge, dass dich mein Arm in trau-ter Näh' um-

schlänge; von meinen Lippen schlürf-t du Göttertrank, aus meinen Augen strahlt dir

Liebesdank! Ein Freu-denfest soll uns-rem Bund ent-stehen, der Lie - be

Gluth. die du mir in das Herz _____ ge-

gos - - sen, als Flam - - me lod - - re

hell sie dir al - lein! Ja. gegen al-le

Welt _____ will un - ver - dros - sen fort -

an ich nun dein küh - ner Strei - ter

immer bewegter

sein! Doch hin muss ich zur Welt der Er - den, bei
dir kann ich nur Skla - ve werden; nach Frei -
heit doch ver -langt es mich. nach Frei - heit. Frei -
- -heit dür - ste ich: zu Kampf und Strei-te will ich stel'n,

Etwas langsam und ent -

sei's auch auf Tod und Un -ter-geh'n! Drum muss aus deinem Reich ich

schlossen.

flieh'n! O Kö - nigin! Göt - tin! Lass mich

VENUS. (im heftigsten Zorne.)

ziehn! Zieh' hin, Wahn - - sin - niger!

Zieh hin! Verrä - ther, sieh, nicht halt' ich dich! Ich geb' dich

frei! Zieh hin! Zieh hin! Was du verlangst, das sei dein Loos!

Was du ver - langst, das sei dein

Loos! Zieh' hin! Zieh' hin! Hin zu den kal - ten

Men - schen flieh. vor de - ren blö - dem, trü - bem Wahn der

Freu - de Göt - - ter wir ent - flohn tief in der Er - de wärmenden

Schooss. Zieh hin, Be - thör - ter, su-che dein Heil! Su-che dein

Heil, und find' es nie! Bald weicht der

Stolz aus dei - ner Seel', de - mü-thig seh' ich dich mir

nahn. _____ Zer-knirscht, zer-tre - ten

suchst du mich auf, flehst um die

Zau - - - - - ber mei-ner Macht! Zerknirscht, zer-

tre - ten suchst du mich auf, flehst um die Zau - ber

TANNH.

mei- ner Macht! Ach, schö - ne Göt - tin, le - - be

su-chet! Nach meinen Wun-dern dann ver - ge - - bens su-chet! Die
Welt sei ö - de und ihr Held _____ ein
Knecht! Kehr' wie - der, keh - re mir zu-
TANNH.
rück! Nie mehr er - freu' mich Lie - bes-
VENUS.
glück! Kehr' wie - der, wenn dein Herz dich

Venus sinkt mit einem Schrei zusammen und verschwindet. Mit Blitzesschnelle verändert sich die Bühne.

SCENE III.

Tannhäuser. Ein junger Hirt. Pilger.

No. 3. Gesang des Hirten und Chor der älteren Pilger.

Tannhäuser, der seine Stellung nicht verlassen, befindet sich plötzlich in ein schönes Thal versetzt. Blauer Himmel, heitere Sonnenbeleuchtung. Rechts im Hintergrunde die Wartburg; durch die Thalöffnung nach links erblickt man den Hörselberg. Rechts führt auf der halben Höhe des Thales ein Bergweg von der Richtung der Wartburg her nach dem Vordergrunde zu, wo er dann seitwärts abbiegt; in demselben Vordergrunde ist ein Muttergottes-Bild, zu welchem ein niedriger Bergvorsprung hinaufführt. Von der Höhe links vernimmt man das Geläute von Heerde-Glocken; auf einem hohen Vorsprunge sitzt ein junger Hirt mit der Schalmei.

K 1010

Er spielt auf der Schalmei. Man hört den Gesang der älteren Pilger, welche, von der Richtung der Wartburg herkommend, auf dem Bergwege sich nähern.

DIE ÄLTEREN PILGER.

Zu dir wall' ich, mein Je - sus Christ, der du des Pil - gers Hoff - nung bist! Ge - lobt sei Jungfrau süss und rein, der Wall - fahrt wol - le

Der Hirt, den Gesang vernehmend, hält auf der Schalmei ein, und hört andächtig zu.

gün - stig sein!   Ach, schwer drückt mich der Sün - den

schneller.

dim. e ritard. p

Last, kann län - ger sie nicht mehr er - tra - gen, drum will ich auch nicht

Ruh' noch Rast, und wäh - le gern mir Müh' und Pla - gen. Am

ho - hen Fest der Gnad' und Huld, in De - muth sühn' ich mei - ne Schuld; ge -

DER HIRT (als die Pilger auf der ihm gegenüber liegenden Höhe angekommen
sind, ruft ihnen, die Mütze schwenkend, laut zu:)

Glückauf!Glück

seg-net. wer im Glau - ben treu, er wird er-löstdurch Buss' und Reu'!

(im Orchester.)

TANNH. (sinkt heftig erschüttert auf die Kniee.)

auf nachRom! Be _ tet für mei-ne ar-me See _ le! All - mächt' _ _

_ _ ger, dir sei Preis! Gross _____ sind die Wun-der dei-ner

Gna _ _ _ _ _ de!

Der Zug der Pilger biegt von hier an auf dem Bergwege bei dem Muttergottes-
Bilde links ab und verlässt so die Bühne; der Hirt entfernt sich ebenfalls mit
der Schalmei rechts von der Höhe; man hört die Heerdeglocken immer ent-
fernter.

CHOR. Zu dir wall' ich, mein Je - sus

Christ, der du des Pil - gers Hoff - nung bist! Ge - lobt sei Jung - frau süss und rein, der Wall - fahrt wol - le gün - stig sein! Ach,

(auf dem Theater.)

TANNH.

(auf den Knieen, wie in brünstiges Gebet versunken.)

schwer drückt mich der Sün - den Last. kann län - ger

sie nicht mehr er - tra - gen; drum will ich auch nicht

Ruh und__ Rast, und___ wäh - le__ gern mir Müh' und__

Pla-gen. (Thränen ersticken seine Stimme; er neigt das Haupt tief zur Erde und scheint heftig zu weinen. Aus dem Hintergrunde, sehr entfernt, hört man Glocken-Geläute.)

DIE PILGER. Am ho - hen Fest der Gnad' und Huld, in De - muth sühn' ich
(sehr entfernt.)

mei - ne Schuld; ge - seg - net, wer im Glau - ben treu! Der Gesang verliert sich hier gänzlich.

(Waldhorn auf dem Theater, entfernt.)

(im Orchester.)

Während sich der Klang von Jagdhörnern von der Höhe links her
immer mehr nähert, schweigt das entfernte Glockengeläute.

(Waldhörner.)

Allegro.

(Entfernte Waldhörner.)

Von der Anhöhe links herab, aus einem Waldwege treten der Landgraf und die Sänger in
Jägertracht einzeln auf.

SCENE IV.

Tannhäuser. Der Landgraf und die Sänger.

№ 4. Finale. (Septett.)

WALTH.
Nahst du als Freund uns o-der Feind? Als Feind?

SCHREIB.
Als Feind?

BITER.
Als Feind?

Kampf?
REINM.
Als Feind?

Als Feind?

WOLFR.
O fra-get nicht! Ist dies des Hochmuths Mie-ne?

Er geht freundlich auf Tannhäuser zu. Ge - grüsst sei uns, du küh - ner

WALTH.
Sän - ger, der ach, so lang' in uns'rer Mit - - te fehlt! Willkom-

da wo ich nimmer Rast noch Ru - he fand! Fragt nicht! Zum

Kampf mit euch kam ich nicht her; seid mir ver - söhnt _ und lasst mich weiter zieh'n!

Allegro. LANDGR.
WALTH.
Nicht doch! Der Uns' - re bist du neu ge - worden. Du darfst nicht

TANNH.

WALTH.
Lasst mich,
zieh'n! Bleib' bei uns!
SCHREIB.
Bleib' bei uns!
WOLFR.
Bleib' bei uns!
BITER.
Wir las-sen dich nicht fort!
REINM.
Bleib' bei uns!
LANDGR.
Bleib' bei uns!

Moderato.

WOLFR. li - sa - beth!

TANNH. (heftig und freudig erschüttert, bleibt wie festgebannt stehen.) E - li - sa - beth! O Macht des Himmels, rufst

du den sü - ssen Na - men mir?

WOLFR. Nicht sollst du Feind mich

schel - ten, dass ich ihn ge - nannt. (zu dem Landgrafen.) Er - lau - best du mir, Herr, dass ich Ver -

kün - der sei - nes Glücks ihm sei? LANDGR. Nenn' ihm den Zau - ber, den er aus - ge -

übt; und Gott ver - leih' ihm Tu - gend, dass wür - dig er ihn lö -

reine Macht, durch die solch Wunder du vollbracht, an deinen Sang voll Wonn' und Leid ge-

bannt die tu-gend-reichste Maid, an deinen Sang voll Wonn' und Leid gebannt die

etwas bewegter.

tu-gendreichste Maid? Denn ach, als du uns stolz ver-las-sen, verschloss ihr

Herz sich uns'-rem Lied; wir sa-hen ih-re Wang' erblassen,

immer noch etwas bewegter.

für im-mer uns-ren Kreis sie mied, ach! für im-mer

Lenz, der Lenz mit tau- send hol- den Klän- gen. zog ju-

Nun lau- sche uns'- ren Hoch- ge- sän- gen von Neu- em

Nun lau- sche uns'- ren Hoch- ge- sän- gen von Neu- em

Nun lau- sche uns'- ren Hoch- ge- sän- gen von Neu- em

Nun lau- sche uns'- ren Hoch- ge- sän- gen von Neu- em

Nun lau- sche uns'- ren Hoch- ge- sän- gen von Neu- em

Nun lau- sche eu- ren Hoch- ge- sän- gen von Neu- em

- helnd in die See- le mir! In sü- ssem, un- ge-

der Ge- pries'- nen Ohr! Es tön' in

der Ge- pries'- nen Ohr! Es tön' in

der Ge- pries'- nen Ohr! Es tön' in froh he- leb- ten

der Ge- pries'- nen Ohr! Es tön' in

der Ge- pries'- nen Ohr! Es tön' in

der Ge- pries'- nen Ohr! Es tön' in

Das ganze Thal wimmelt jetzt vom immer noch stärker angewachsenen Jagdtross. Der Landgraf und die Sänger

wenden sich den Jägern zu; der Landgraf stösst in sein Horn, lautes Hornschmettern und Rüdengebell antwortet ihm

Während der Landgraf und die Sänger die Pferde,die ihnen von der Wartburg

zugeführt worden sind,besteigen, fällt der Vorhang.

Ende des Isten Actes.

Akt II.

SCENE I.
Elisabeth.

№ 5. Einleitung und Arie.

Raum!

In

dir er-wachen sei-ne Lieder und wecken mich aus düst'rem Traum.

Da Er aus dir ge-schieden, wie öd' erschienst du mir! Aus mir

ent-floh der Frie-den, die Freu-de zog aus

dir!

Wie jetzt mein

Bu - sen hoch _____ sich he - bet, so scheinst du jetzt mir
stolz und hehr; der mich und dich so neu be - lebet, nicht
weilt er fer - ne mehr! _____
Wie jetzt _____ mein Bu - sen hoch sich he - - -
bet, so scheinst du jetzt mir stolz und hehr; der dich und

mien so neu be-le-bet, nicht ___ län - ger weilt er fer - ne mehr!

Più mosso.

Sei mir ge - grüsst! ___ sei mir ge - grüsst! ___ Du

theu - re Hal - - le, sei mir gegrüsst! Sei mir gegrüsst!

Du ___ theure Hal - - le, sei ___ mir gegrüsst!

Tannhäuser, von Wolfram geleitet, tritt mit diesem aus der
Treppe im Hintergrunde auf.

SCENE II.

Elisabeth. Tannhäuser. Wolfram.

N⁰ 6. Scene und Duett.

Allegro moderato. ♩= 60.

WOLFR. (zu Tannh.)

Dort ist sie;

na-he dich ihr un-ge-

stört!

Er bleibt an die Mauerbrüstung gelehnt im Hintergrund. Tannh. stürzt ungestüm zu den Füssen Elisabeth's.

sehr lebhaft und schnell

TANNH.

O Fürstin!

ELISAB. (in schüchterner Verwirrung.)

Gott! stehet auf! Lasst mich!

Nicht darf ich Euch hier seh'n!

Sie will sich entfernen.

TANNH

Du darfst!

O bleib' und lass ____ zu deinen Fü ‒ ssen

gessen hat zwischen heut' und gestern sich gesenkt. All' mein Er - in - nern

ist mir schnell geschwun - den, und nur des Ei - nen muss ich mich ent - sinnen, dass ich

nie mehr ge - hofft Euch zu be - grüssen, noch je zu Euch mein Au - ge zu er -

ELISAB.

he - ben. Was war es dann, das Euch zurück - geführt?

TANNH.

Ein Wun - - - - der war's.

geben.   Fast kenn' ich mich nicht mehr —   O hel-

fet mir,   dass ich das Räth - sel meines Her - zens löse!

Der Sän - ger klu - gen Wei - - sen lauscht' ich

sonst wohl gern — und viel: ihr Sin - gen und ihr

Lust; Ge-füh - - - le, die ich nie em-pfun-den, Ver-lan - -

- gen, das ich nie gekannt! Was sonst mir

lieb - lich war verschwunden vor Won-nen, die noch nie genannt!

langsam.

Und als Ihr nun von uns ge-gangen, war Frieden mir und Lust da-

hin; die Weisen, die die Sänger sangen, erschie-nen matt mir, trüb' ihr

Sinn; im Traume fühlt' ich dumpfe Schmerzen, mein Wachen ward trübselger Wahn: die

langsam
Freu - de zog aus meinem Her-zen. Heinrich! Heinrich! Was thatet Ihr mir an?

TANNH. (begeistert.)
Den Gott der Lie - - be soll-st du prei -

sen! Er hat die Sai - ten mir be -

mein!

mein!

Moderato. ♩= 60.

Elisabeth blickt Tannhäuser vom Balkon aus nach.

SCENE III.

Elisabeth. Der Landgraf.

ELISAB.

Herz mir endlich zu er-schliessen? Sieh mir in's Au-ge! Sprechen kann ich nicht.

Andante. ♩ = 76.

LANDGR.

Noch blei-be denn un-aus-ge-

sprochen dein süss Ge-heimniss kur-ze Frist; der

Zau-ber blei-be un-ge-bro-chen bis du der Lösung mächtig bist, bis

du der Lösung, der Lö-sung mäch-tig bist.

So sei's, was der Gesang so Wunder-

ba-res erweckt und an-ge-regt, soll heu-te er ent - hül-len und mit Voll-

endung krönen; die hol-de Kunst sie wer-de jetzt zur That!

Allegro. ♩ = 76.

(Trompeten im Burghofe)

Schon na-hen sich die Ed-len meiner Lande,

her beschied; zahlreicher nahen sie als je, da sie gehört dass du des Festes Fürstin

SCENE IV.

Der Landgraf. Elisabeth. Die Sänger.
Grafen, Ritter und Edelfrauen.

N.º 7. Marsch und Chor.

seist.

Der Landgraf und Elisabeth treten an den Balkon, um nach der Ankunft der Gäste zu sehen. Vier Edelknaben treten auf und melden an. Sie erhalten vom Landgrafen Befehl für den Empfang u.s.w.

Von hier an treten die Ritter und Grafen einzeln mit Edelfrauen und Gefolge, welches im Hintergrund bleibt,

sehr gehalten

ein und werden vom Landgrafen und Elisabeth empfangen.

116

CHOR der RITTER und EDLEN.

Freu-dig be-grü-ssen wir die ed-le Hal-le, wo Kunst und Frieden immer nur ver-

Freu-dig be-grüssen wir die Hal-le, wo Kunst und Frieden nur ver-

weil', wo lan-ge noch der Ruf er-

weil', wo lan-ge noch der Ruf er-

schal-le, Thüringen's Fürsten, Landgraf Her-mann Heil!

schal-le, Thüringen's Fürsten, Landgraf Her-mann Heil!

CHOR der EDELFRAUEN.

Freu - dig be - grü - ssen wir die ed - le Hal - le,

Freu - dig be - grü - ssen wir die ed - le Hal - le,

wo Kunst und Frie - den im - mer nur ver - weil,

wo Kunst und Frie - den im - mer nur ver - weil,

wo lan - ge noch der fro - he Ruf er - schal - le:

wo lan - ge noch der fro - he Ruf er - schal - le:

Thü - ringen's Für - sten, Landgraf Her - mann Heil!

118

wo lan - ge noch _____ der fro - he

wo lan - ge noch __ der fro - he, der fro - he

wo lan - ge noch der fro - he, der fro - he

Ruf _____ er - schal - le, der fro - he Ruf er - schal - le:

Ruf er - schal - le, der fro - he Ruf er - schal - le:

Thü - ringen's Fürsten, Hermann Heil! _____

Thü - rin - gen's Fürsten, Hermann Heil! _____

Neuer Auftritt eines Grafen mit reichem Gefolge.

Freu-dig be-grü-ssen wir die ed-le Hal-le, wo Kunst und

Freu-dig be-grü-ssen wir die ed-le Hal-le, wo Kunst und

Frie-den im-mer nur ver weil', ___ wo lan-ge noch der

Frie-den im-mer nur ver-weil', wo lan-ge noch der

wo lange

Ruf er-schal-le. wo lan ge noch der Ruf er-

Ruf er-schäl-le. wo lan-ge noch der Ruf er-

noch der Ruf erschal-le.

Wo lange noch der Ruf er-schalle: Thürin-gen's Fürsten,

Wo lange noch der Ruf er-schalle: Thürin-gen's Fürsten,

Her - mann Heil! Heil! Thü - ringen's Für - sten

Her - mann Heil! Heil! Thü - ringen's Für - sten

Heil! Heil! Heil!

Heil! Heil! Heil!

Thü - ringen's Für - sten. Her - mann Heil! _____

Die Versammelten haben alle die ihnen angewiesenen, einen grossen Halbkreis bildenden Plätze eingenommen.

Thü - ringen's Für - sten, Her - mann Heil! _____

Thü - ringen's Für - sten, Her - mann Heil! _____

Thü - ringen's Für - sten, Her - mann Heil! _____

Moderato. ♩ = 60.
Die Sänger treten auf, begrüssen feierlich die Versammlung und werden von den Edelknaben nach ihren Sitzen geleitet.

Der Landgraf erhebt sich.

LANDGR.

Gar viel und schön ward hier in dieser Hal - le von euch, ihr lie-ben Sänger, schon ge-

sungen. in wei-sen Räthseln,wie in heitren Liedern erfreutet ihr gleich sinnig un-ser

Maestoso.

Herz.

Wenn un-ser Schwert in blutig ernsten

Kämpfenstritt für des deutschen Reiches Ma-je - stät, wenn wir dem grimmen

Wel-fen wi-der - standen und dem ver-der-ben-vol-len Zwiespalt wehrten,

Andante. ♩=72.

so ward von euch nichtmindrer Preiser - rungen. Der An-muth undder holden

Sit-te, der Tugend und dem rei-nen Glau - -ben er-strittet ihr durch eure Kunst gar hohen.

K 1010

herr-lich schönen Sieg.

Berei-tet heu-te uns denn auch ein Fest, heut' wo der küh-ne Sänger uns zurück-ge-

kehrt, den wir so un-gern lang' ver-missten. Was wieder

ihn in un-sre Nä-he brachte, ein wunderbar Geheimniss dünkt es mich;

durch Liedes Kunst sollt ihr es uns ent-hül-len, deshalb stell'ich die Fra-ge jetzt an

Kunst Beschützer, Heil!   Heil!

Kunst Beschützer, Heil!   Heil!

Kunst Beschützer, Heil!   Heil!

Heil!   Alle setzen sich.

Heil!

Heil!

Heil!

Die vier Edelknaben treten hervor; sie sammeln in einem goldenen Becher von jedem der Sänger seinen auf ein zusammengerolltes Blättchen gezeichneten Namen — darauf reichen sie den Becher Elisabeth, welche eines der Blättchen herauszieht und es wiederum den Edelknaben reicht; diese lesen den Namen und treten dann feierlich in die Mitte.

Sopran. VIER EDELKNABEN.

Alt. Wolfram von Eschinbach be - ginne!

Wolfram erhebt sich. — Tannhäuser stützt sich wie in Träumerei verfallend auf seine Harfe.

DER SÄNGERKRIEG.
№ 8. Finale.

Moderato. ♩ = 60.

WOLFR.

Blick ich um - her in diesem ed - len Krei-se, welch ho-her Anblick macht mein

Herz er - glühn! So viel der Helden, tapfer, deutsch und wei-se,

ein stolzer Eichwald, herrlich, frisch und grün; — und hold und

tugendsam er - blick ich Frauen, lieb-li-cher Blü-then düfte-reichster Kranz.

Es wird der Blick wohl trunken mir vom Schauen, mein Lied ver-

stumm t vor solcher An - muth Glanz.

pp

cresc.

f

dim.

ritard.

pp

Da blick ich

auf zu ei - nem nur der Ster-ne, der an dem Him-mel, der mich blen-det, steht:

p

ritard.

pp

es sammelt sich mein

K 1010

Geist aus je-der Fer-ne, an-däch-tig sinkt die See-le im Ge-bet.

Und sieh, mir zei- -get sich ein

Wun- -der-bronnen, in den mein Geist voll ho-hen Staunen's

blickt; aus ihm er schö- -pfet gna- -denreiche Won- -nen,

durch die mein Herz er na- -men-los er-quickt. Und

nim - - mer möcht' ich die - sen Bron - - nen trü - ben. be - - rüh - - ren

nicht den Quell mit frev - - lem Muth. in An-betung möcht' ich mich o - pfernd

ü - ben, ver - giessen froh mein letztes Her - - zens-Blut!,

Ihr Ed-len möcht' in diesen Wor-ten le - - sen, wie ich er-

kenn' der Lie - - be rein - stes We - sen.

Er setzt sich.

Hör; sei-ne Tu-gend preis' ich laut! Doch oh-ne Sehnsucht heiss zu

füh - len ich seinem Quell nicht na - hen kann; des

Durstes Brennen muss ich kühlen, getrost leg' ich die Lip - pen an: in vol - len

Zü - - - gen trink' ich Won - nen, in die kein Za - - gen je sich

mischt, denn un - ver - sieg - bar ist der Bron - nen, wie mein Ver-

138

K 1010

lan - - gen nie er-lischt. So, dass mein Seh - - nen e - - - wig

bren - - ne, lab' an dem Quell ich e - - wig

mich. Und wi - sse, Wolfram, so er-ken - -ne der Lie-be wahr-stes We-sen

Allegro. ♩ = 76.

ich! Er setzt sich. — Elisabeth macht eine Bewegung ihren Beifall zu bezeugen, da aber Alles in ern-

Moderato. ♩ = 54. WALTH.

stem Schweigen verharrt, hält sie sich schüchtern zurück.

Den Bronnen, den uns

Wolfram nannte, ihn schaut auch mei - nes Gei-stes Licht,

doch, der in Durst für ihn ent - brannte, du, Heinrich, kennst ihn wahr-lich

nicht. Lass dir denn sagen, lass dich leh-ren: der

Bronnen ist die Tu - gend wahr: du sollst in In - brunst

ihn ver - eh-ren und o-pfern seinem hol - den Klar.

K 1010

Legst du an seinen Quell die Lippen, zu küh-len frevle Lei - - den-schaft, ja, woll - - test du am Rand nur nip - - pen, wich e - - - - - - wig ihm die Wun - - der - kraft!

Willst du Er - - quickung aus dem Bron - nen ha - - ben, musst du dein Herz, nicht dei-nen Gau - - men la - ben.

Er setzt sich.

nicht be - grei - - - fen sollt! Doch

was sich der Berüh - rung beu - get, euch Herz und Sin - - nen na - - he liegt, was sich, aus

glei - - chem Stoff er - - zeu - get, in wei - cher For - mung an euch schmiegt, __

__ dem ziemt Ge - nuss in freud' - - gem Trie - - be.

und im Ge - nuss nur kenn' __ ich Lie - - be!

Muth; _____ dass e - - - wig un-geschmäht sie

blie - - be, ver-göss'ich stolz mein letz - - tes Blut!

Für Frau - - en-ehr' _____ und ho - - he Tu - - gend

als Rit - - ter kämpf' _____ ich mit dem Schwert;

doch was Ge-nuss beut dei - ner Jugend, ist wohl-feil, kei - nes Streiches werth!

reich, und was von Freuden dir ent-spro---ssen. das galt wohl wahrlich kei-nen

Più moto. ♩=80.

LANDGR. (zu Biterolf. der das Schwert zieht.)

Streich!   Zurück das Schwert! Ihr

Tenor I.

Weh----ret seiner Kühnheit!

Tenor II.

Lasst ihn nicht en-den!   Wehrt seiner Kühnheit!

Bass I.

Wehret sei-ner Kühn-heit!

Bass II.

Lasst ihn nicht enden!   Wehrt seiner Kühnheit!

Più moto.

Sänger, haltet Frie-den!   Wolfram erhebt sich; bei seinem Beginn tritt
sogleich wieder die grösste Ruhe ein.

WOLFR.

O

Him---mel!   Lass dich jetzt er-fle---hen!   Gieb mei-nem

♩=80.

Lied der Wei - he Preis! Ge-bannt lass mich die

Sün - de se - - - hen aus die - - - sem ed - len, rei - - nen

Kreis! Dir, ho - he Lie - - be,

sehr gebunden

tö - - - - - ne be - gei - - stert mein _____ Ge-

sang, _____ die mir in En - gel's

Schö - - - - - ne___ tief in die See - - le

cresc.

drang!   Du   nahst   als

f   più f   ff

Gott - - ge - sand - te,   ich   folg' aus

dim. - - - - - - - -   p

hol - - der Fern':   so   führst   du in die

Lan - - - - - de, wo e - - - - - wig

cresc. - - - -

straht _____ dein Stern!

TANNH. (in äusserster Verzückung.)

Dir, Göt-tin der Lie — be, soll mein Lied er —tö — nen, ge—

♩=76.

sun — — gen laut sei jetzt dein Preis von mir!

Dein sü — sser Reiz ist Quel—le al —les Schö — nen, und

je — — des hol — — de Wun-der stammt von dir! Wer

Allgemeiner Aufbruch und Entsetzen.

dich mit Gluth in sei-ne Ar - - me ge-schlo - ssen, was Lie - - be ist, kennt der, nur der al-lein! Arm - - sel' - ge, die ihr Lie - - - - be nie ge-no - ssen, zieht hin, zieht in den Berg der Ve - - - nus ein!

154

DIE FRAUEN.

Sopran.

Hin- -weg! Hin-weg! Aus sei- ner

Alt.

Hin - weg! Aus sei- ner

ff

Näh! Näh!

Die Frauen verlassen in grösster Bestürzung und mit Geberden des Abscheus die Halle. Elisabeth, die dem Streite der Sänger mit wachsender Angst zugehört hatte, bleibt von den Frauen allein zurück, — bleich, nur mit dem grössten Aufwande ihrer Kraft an einer der hölzernen Säulen des Baldachin's sich aufrecht erhaltend. — Der Landgraf, alle Ritter und Sänger haben ihre Sitze verlassen und treten zusammen. Tannhäuser zur äussersten Linken, verbleibt noch eine Zeitlang in Verzückung.

WOLFR.

Ihr habt's ge-

ein! _____

Alle halten in grösster Betroffenheit an.

bannt!   Was hör' ich! Wie? E - - li-sabeth, die keusche

bannt!   Wie? Was seh' ich!   E - -

bannt!   Wie? Was seh' ich!   E -

bannt!   Was hör' ich!   E - - li-sabeth, die keusche

bannt!   Was hör' ich!   E - - li-sabeth, die keusche

bannt!   Wie? Was seh' ich!   E -

bannt!   Was hör' ich!

ff   p

ELISAB. (Tannhäuser mit ihrem Körper deckend.)

Zu- -rück! _____ Des To-des ach-te ich sonst

Jung - frau für den Sünder?

li-sabeth, die keusche Jungfrau für den Sün-der?

li-sabeth, die keusche Jungfrau für den Sün-der?

Jung - - - frau für den Sün-der?

Jung-frau für den Sünder?

li-sabeth, die keusche Jungfrau für den Sün-der?

Die keu-sche Jungfrau für den Sün - -der?

Vom Zeichen ⊕ bis ⊖ können die bezeichneten Gesangsstimmen pausiren, so dass Tannh. allein singt.

ihr!   O   du, hoch über die - sen Erden-

Darf ich auch nie ihm ver - - ge - ben,

Darf ich auch nie ihm ver - - ge - ben,

Darf ich auch nicht dem Schul - - di - gen ver - - ge - ben,

Darf ich auch nie ihm ver - - ge - ben,

Darf ich auch nicht dem Schul - - di - gen ver - - ge - ben,

Darf ich auch nicht dem Schul - - di - gen ver - - ge - ben,

Flehn?   Darf ich auch nicht dem Schul - di - gen ver -

Darf ich auch nicht ihm ver -

sein   Le - - - - ben!

barm'   dich   mein!   Ach, er - barm'   dich

nicht   dem   Schul - di - gen   ver - ge - - - - -

nicht   dem   Schul - di - gen   ver - - ge - - - - -

nicht   dem   Schul - di - gen   ver - - ge - - - - -

Schul - di - gen,   dem   Schul - - - di - gen   ver -

Schul - di - gen,   dem   Schul - di - gen   ver - - ge - - -

Schul - di - gen   ver - - ge - - ben.

Him - - - - mels - - wort   kann   ich   nicht   wi - - der-

mein!

Er-barm' dich

ben!

ben!

ben!

Darf ich auch nie ihm ver-

ben!

Darf ich auch nie ihm ver-ge-

Darf ich auch nie-mals dem Schuld-gen ver-ge-

stehn!

K 1010

mein!

Erbarm' dich

Darf ich auch nie ihm ver-

Darf ich auch nie ihm die Schuld ver-

Darf ich auch nie-mals dem Schuld'gen ver-ge-

zeihn,

ben,

ben,

Ich fleh' für

mein!

zeilin,   darf ich auch

zeilin.

hen,   darf ich auch

darf ich auch

Ten. I.II.

Darf ich auch, darf ich auch nie - mals dem

Ten. III.

Darf ich auch nie - mals dem Schuldgen ver - ge - ben, dem

Bass I.

Darf ich nicht dem

ihn, ich fle - he für sein Le - - ben, ich fle - he für sein

Er

nicht dem Schul - di-gen ver - ge - -ben, darf ich auch

darf ich auch nicht dem Schul - di-gen ver-ge - -ben,

nicht dem Schul - di-gen ver - ge - -ben, darf ich auch

darf ich auch nicht dem Schul- di-gen ver -ge- -ben,

nicht dem Schul - di-gen ver - ge - -ben, darf ich auch

Ten.I.II.

Schul - -di - gen ver - -ge - - -ben,

Bass I.

cresc. poco a poco - - - -

LANDGR. (feierlich in die Mitte tretend.)

Ein furcht - ba - res Ver - bre - chen ward be -

gangen; es stahl mit heuch - le - ri - scher Lar - ve sich zu

uns der Sün - de fluch - be - lad'ner Sohn! Wir sto - ssen dich von

uns, bei uns darfst du nicht wei - len! Schmach - be - fleckt ist un - ser

Herd durch dich, und dräu - end blickt der Him - mel selbst auf die - ses

Dach, das dich zu lang' schon birgt!

Maestoso.

Zur Ret-tung doch vor e-wi-gem Ver-der-ben steht

of-fen dir ein Weg, von mir dich stossend zeig' ich ihn dir:

Moderato. ♩ = 60.

nütz' ihn zu dei-nem Heil!

Ver-sam--melt sind aus mei-nen Lan--den

buss - fert' - ge Pil - ger, stark - an Zahl; die

ält' - ren schon vor - an sich wand - ten, die jüng' - ren ra - sten noch

im Thal. Nur um ge - rin - ger

Sün - de wil - len ihr Herz nicht Ru - he ih - nen

lässt: der Bu - sse from - men Drang zu stil - len.

wal - - - len, du Gott der

wie bü - - ssen mei - ne Schuld?

Musst' uns're Ra - che wei - chen,

wei - chen,

Musst' uns're Ra - che wei - chen,

weil sie ein En - gel

wei - chen,

weil sie ein En - gel

Musst' uns're Ra - che wei - chen,

Guad' und Huld!

Mein Heil sah ich ent-

weil sie ein En - gel brach,

weil sie ein En - gel brach,

weil sie ein En - gel brach,

brach,

weil sie ein En - gel brach,

brach,

weil sie ein En - gel

fal - - - len, ver - gieb der Sün - den,

des Him - mels Huld!

rei - chen,

harrst du in Sünd' und

rei - chen,

harrst du in Sünd' und Schmach.

harrst du in Sünd' und

harrst du in Sünd' und Schmach.

dich wird dies Schwert er - rei - chen,

Schuld! _____ Für ihn

Doch will ich bü - ssend wal - len,

harrst du in Sünd' und Schmach. Musst' auch die

Schmach.

harrst du in Sünd' und Schmach. Musst' auch die

Musst' auch die Ra-che,

Schmach.

Musst' auch die Ra-che,

harrst du in Sünd' und Schmach.

nur will ich fle - - hen, mein

zer - schla - gen mei - ne

Rache, die Rache weichen,

Musst' auch die Rache, die Rache weichen,

Rache, die Rache weichen,

die Rache weichen,

Musst' auch die Rache, die Rache weichen,

die Rache weichen.

Musst' auch die Rache, die Rache

K 1010

Lass ihn dein Leuch - - ten

Stau - be nie - der - fal - len;

weichen, dich wird dies Schwert

die Rache weichen, dich wird dies Schwert

weichen, dich wird dies Schwert

dich wird dies Schwert

die Rache weichen, dich wird dies Schwert

dich wird dies Schwert

die Rache weichen, dich wird dies

K 1010

se - hen, eh' er in

Zerknir - schung sei mir Lust!

WALTH. D. SCHREIB.

WOLFR. BITER. dennoch erreichen,

REINM. LANDGR. dennoch er - reichen, dich wird dies

dennoch erreichen, dich wird dies Schwert

Schwert. dennoch er - reichen,

Nacht ver - geht! Mit

O _____ dass nur

dich wird dies Schwert dennoch erreichen,

Schwert dennoch er - reichen,

dennoch erreichen,

dich wird dies Schwert dennoch er-

freu - - digem Er - be - - ben, lass dir ein

er ver - söh - net, der En - gel mei - ner Noth,

SCHREIB. WALTH. SCHREIB.
harrst du in Sünd' und Schmach.harrst du in Sünd' und Schmach!harrst du in

BITER. WOLFR. BITER.
harrst du in Sünd' undSchmach.harrst du in Sünd' und Schmach!harrst du in

LANDGR. REINM. LANDGR.
harrst du in Sünd' undSchmach.harrst du in Sünd' und Schmach!harrst du in

reichen, harrst du in in Sünd'

Sünd'

O - - pfer weihn: nimm

der sich, so frech ver - höh - net,

BEIDE.
Sünd' und Schmach! Dich wird dies Schwert,

BEIDE.
Sünd' und Schmach! Dich wird dies Schwert,

REINM.
Sünd' und Schmach! Dich wird dies Schwert,

und Schmach! Dich wird dies

und

214

K 1010

weihn, _____ ein O - - - - pfer weihn!

Huld! Doch will ich büssend wal-len, zerschla-gen meine

Sünd' und Schmach, in Sünd' und Schmach! Dies

Sünd' und Schmach, in Sünd' und Schmach! Dies

Sünd' und Schmach, in Sünd' und Schmach! Dies

Sünd' und Schmach, in Sünd' und Schmach! Dies

Nimm hin, o! nimm mein

Brust; in Stau - - be nieder-fal-len, Zer-knirschung sei mir Lust!

Schwert wird dich er-rei - chen, wird dich er -

Schwert wird dich er-rei - chen, wird dich er -

Schwert wird dich er-rei - chen, wird dich er -

Schwert wird dich er - rei - chen,

K 1010

Alle haben, den Gesang vernehmend, von der leidenschaftlichsten und drohendsten Geberde zu einer milderen und gerührten übergehend, gelauscht.— Tannhäuser, dessen Züge von einem Scheine schnell erwachter Hoffnung verklärt werden, wendet sich rasch zum Abgange.

Ende des IIt" Aktes.

Akt III.

N⁰ 9. Einleitung.

Tannhäuser's Pilgerfahrt.

Andante assai lento. ♩ = 50.

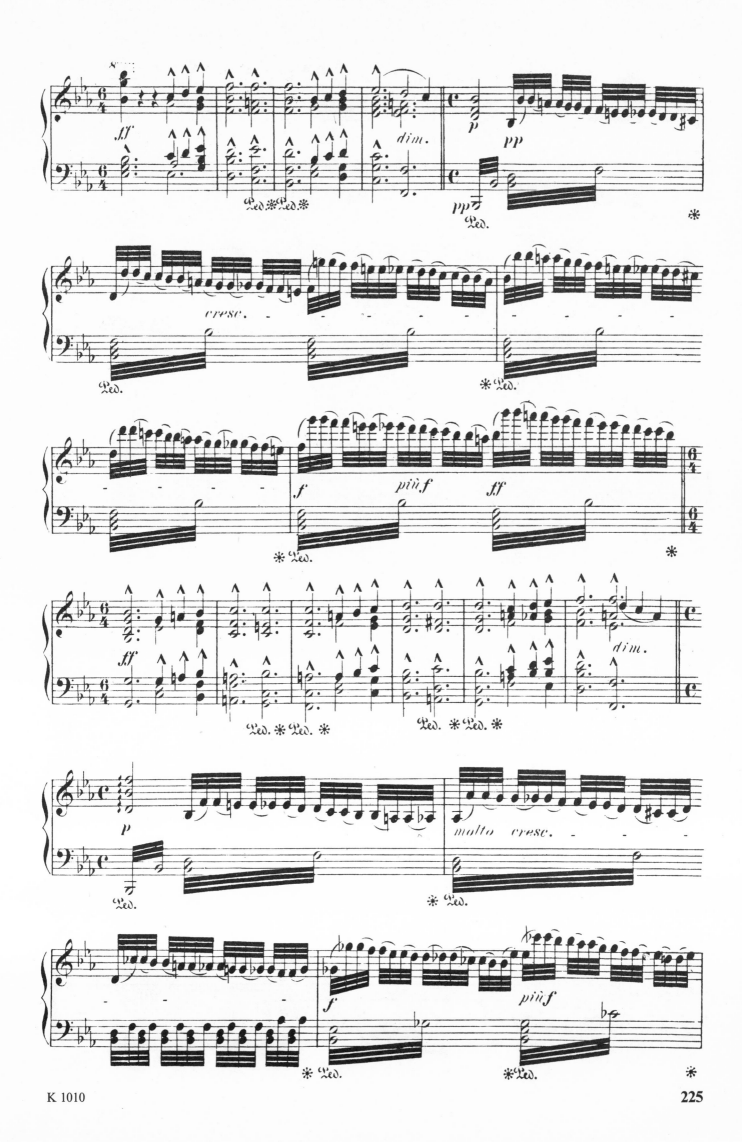

Der Vorhang geht auf. Thal vor der Wartburg, wie am Schlusse des ersten Actes.
Der Tag neigt sich zum Abend. Auf dem kleinen Bergvorsprunge rechts liegt Elisabeth
vor dem Muttergottesbilde betend ausgestreckt. Wolfram kommt links von der waldigen
Höhe herab; auf halber Höhe hält er an, als er Elisabeth gewahrt.

SCENE I.

Elisabeth. Wolfram. Die älteren Pilger.

№ 10. Recit. und Pilgerchor.

Wohl wusst' ich hier sie im Ge-bet zu fin-den, wie ich so oft sie tref-fe, wenn ich einsam aus wald'ger Höh' mich in das Thal ver-ir-re. Den Tod, den er ihr gab, im Herzen, da-hin-gestreckt in brünst'-gen Schmerzen, fleht für sein Heil sie Tag und Nacht; o heil'-ger Lie-be ew'-ge Macht! Von

Rom zurück er-war-tet sie die Pil-ger, schon fällt das Laub, die Heimkehr steht be-

vor.
♩ = 80.

Kehrt Er___ mit den Begnädigten zu-rück?

Dies ist ihr Fra - gen, dies ihr Fle - hen. Ihr Heil'-

- gen lasst er-füllt es se - hen! Bleibt auch die Wun-de un-ge-

heilt. o würd' ihr Lind'rung nur er-theilt. o würd' ihr

ritard.

Ihr Heil'gen, zeigt mir jetzt mein Amt, dass ich mit

O Him-mel, stär-ke jetzt ihr

treu ich ge - pil - gert hab'!

Wür - - - - - de es er - fül - le!

Herz für die Ent - schei - dung ih - res Le - bens!

Allmählig der Bühne sich nähernd. Durch Sühn' und Buss' hab'

ich ver - söhnt den Her - ren, dem mein Her - ze fröhnt, der

meine Reu' mit Se- gen krönt, den Her- ren, dem mein

Hier betreten die Pilger die Bühne von rechts im Vordergrunde her; sie zie-

Lied er- tönt, den Her- ren, dem mein Lied er- tönt!_____ Der

hen während des Folgenden an dem Bergvorsprunge vorbei langsam das Thal entlang dem Hintergrunde zu.

Gna- - - - - de Heil ist_ dem

Bü- - sser be- - schie- - den, er

geht einst ein in der

Se - - - li - gen Frie - - den: vor

Höll' und Tod ist

ihm nicht bang', drum

232

K 1010

Die Pilger haben sich hier bereits dem Hintergrunde zugewendet.

ELISAB. (die von ihrem erhöhten Standpunkte aus mit grosser Aufregung unter den vorüberziehenden
Pilgern nach Tannhäuser geforscht hat, mit schmerzlicher aber ruhiger Fassung.)

Er keh - ret nicht zu - rück!

Die Pilger entfernen sich unter dem Folgenden immer mehr
und verschwinden endlich durch die Thalöffnung nach rechts.

Be - glückt darf

nun dich, o Hei-math, ich schau-en und grü - ssen froh dei - ne

schau'n

lieb - li-chen Au-en: nun lass' ich ruh'n den Wan - der - stab.

Au'n;

verhallend.

№ II. Gebet.

mein Herz sich ab - ge-wandt von dir. wenn je ein sün - di-ges Ver-

langsam.

langen, ein welt - lich Seh-nen keimt' in mir, so rang'ich unter tausend Schmerzen.

dass ich es tödt'in meinem Herzen,. Doch konnt'ich jeden Fehl nicht büssen,

Tempo I.

so nimm dich gnä - dig mei - ner an. nimm dich gnädig mei - ner an!

Dass ich mit de - muth-vol-lem Grüssen,als würd'ge Magd dir na - hen kann,

um dei-ner Gna-den reichste Huld nur an-zu-flehn für sei - ne Schuld.

um dei-ner Gna-den reich - ste Huld nur___ an-zu-flehn für sei - ne

Schuld!

Sie verbleibt eine Zeitlang wie in andächtiger Entrücktheit; als sie sich dann langsam erhebt,
erblickt sie Wolfram, welcher sich ihr nähert um sie anzureden.

WOLFR.

Sie bittet ihn durch eine Geberde,
nicht mit ihr zu sprechen.

E -

li - sabeth. dürft' ich dich nicht ge - lei-ten? Elisabeth drückt ihm abermals durch Geberden aus:

sie danke ihm und seiner treuen Liebe aus vollem Herzen; ihr Weg führe sie aber gen Himmel, wo sie ein hohes Amt zu verrichten habe; er solle sie daher ungeleitet gehen lassen, ihr auch nicht folgen.

Sie besteigt die halbe Berghöhe und verschwindet allmählig auf dem Fusssteig, welcher auf dieser nach

Più lento. ♩ = 50.

der Wartburg führt, nachdem man ihre Gestalt lange noch in der Entfernung erblickt hat.

Wolfram, der Elisabeth lange noch mit den Augen verfolgt hat, setzt sich am Fusse des linken Thalhügels

nieder und beginnt auf der Harfe zu spielen.

K 1010

№ 12. Romanze.

Moderato. ♩= 46.

WOLFR.

Wie To - des - ahnung, Dämm'rung deckt die Lande,

umhüllt das Thal mit schwärzlichem Ge - wan - de; der See - le, die nach

je - nen Höh'n ver - langt, vor ih - rem Flug durch Nacht und Grau - sen

bangt. Da scheinest du, o lieb - lichster der

Sterne, dein sanf - tes Licht ent - sen - dest du der Fer - ne, die nächt'ge

Dämm'rung theilt dein lieber Strahl, und freund - lich zeigst du den Weg aus dem

Thal:

O! du mein hol - der A - - bend-stern, wohl grüsst'ich im - mer

dich___ so gern: vom Her-zen, das sie nie___ ver-rieth.

grü - sse sie, wenn sie vor-bei___ dir zieht, wenn sie ent-schwebt dem Thal___ der

Er - den, ein sel'- ger En - gel dort___ zu wer - den, wenn sie ent -

schwebt dem Thal___ der Er - den, ein sel'- ger En - gel___

dort___ zu wer - den. Er verbleibt mit gen Himmel gerichtetem Auge, auf der Harfe fortspielend.

SCENE III.

Tannhäuser. Wolfram. später Venus. Walther. der Schreiber.
Wolfram. Biterolf, Reinmar, der Landgraf. Pilger und Edle.

N⁰ 13.Finale.

Es ist gänzlich Nacht geworden. Tannhäuser tritt auf, er trägt zerrissene Pilgerkleidung, sein Gesicht ist
bleich und entstellt, er wankt matten Schrittes an seinen Stab gestützt.

Lento.

TANNH.

sag', du pil-gertest nach Rom? Nun denn, hör' an! Du. Wolfram, du

p   pp

Er setzt sich erschöpft am Fusse des Bergvorsprunges nieder.
Wolfram will sich an seiner Seite ebenfalls niederlassen.

sollst es er - fahren!   Zu - rück von mir,   die Stätte, wo ich ra-ste,

p   cresc.   f

Wolfram bleibt in geringer Entfernung vor Tannhäuser stehen.

ist ver-flucht!   Lento.   Hör' an, Wolfram,   hör'

p   pp

Andante. ♩ = 60.

an!   In - brunst im Herzen.   wie kein

p   pp   poco cresc.

Bü - sser noch sie je _____ ge-fühlt, such't ich den Weg nach Rom.   Ein

dim.   p

En - gel hat-te, ach, der Sün-de Stolz dem Ü - ber-mü-thi-gen ent - wunden: für

ihn wollt' ich in De-muth büssen, das Heil erflehn, das mir ver - neint, um ihm die

Thrä - ne zu ver - sü - ssen, die er mir Sün-der einst ge - weint!

Wie neben mir der

schwerst be-drückte Pil - ger die Stra - sse wallt', er-schien mir all - zu-

leicht _ betrat sein Fuss den weichen Grund der Wie-sen, der nackten Soh-le sucht' ich Dorn und

Stein; liess La-bung er am Quell den Mund ge-nie-ssen, sog ich der

Son - ne hei-sses Glü-hen ein: wenn fromm zum Him-mel er Ge-

be - te schickte, vergoss mein Blut ich zu des Höch-sten Preis. als im Hos-

piz der Mü-de sich er-quick-te, die Glie-der bet-tet' ich in Schnee und

Eis; verschloss'nen Aug's, ihr Wunder nicht zu schauen, durchzog ich blind I - ta -

- lien's hol - de Au - en.— Ich that's, denn in Zer - knirschung wollt' ich

bü - ssen, um mei - nes En - gels Thrä - nen zu ver - sü -

Un poco più moto. ♩ = 80.

ssen.

Nach

Rom ge-langt' ich so zur heil'-gen Stel-le, lag betend auf des Hei-

- ligthumes Schwelle. Der Tag brach an; da

läu-te-ten die Glocken, her-nie-der tönten himm-lische Ge-sän-ge:

da jauchzt' es auf in brün-stigem Froh-locken, denn

Gnad' und Heil ver-hiessen sie der Men-ge.

Tausenden er Gna - de gab, ent-sün - digt er Tausen-de sich

froh __ er - he - ben hiess. __ Da naht' auch

ich, __ das Haupt gebeugt zur Er - de, klagt' ich mich

an, mit jammernder Ge - ber-de, der bö - sen Lust, die mei-ne Sinn' em-

pfanden, des Seh - nen's, das kein Bü - ssen noch ge-kühlt; und um Er-

lö - sung aus den hei - - ssen Ban-den rief ich ihn an, von wildem

Schmerz durch - wühlt. Und er, den so ich bat, hub an:

Lento maestoso. ♩ = 50.

„Hast du so bö-se Lust ge - theilt, dich an der Hölle Gluth ent-flammt,

hast du im Ve-nusberg ge - weilt, so bist nun e -wig du ver-dammt!

sehr gehalten.

Wie dieser Stab in meiner Hand nie mehr sich schmückt mit frischem Grün, kann aus der Hölle heissen

Brand Erlösung nimmer dir er-blühn!" (Lange Pause.) Da sank ich in Ver-

nichtung dumpf dar-nieder,___ die Sinne schwanden mir.

Als ich er-wacht, auf ö-dem Platze lagerte die Nacht,___

von fern her tönten fro-he Gnadenlieder. Da ekelte mich der holde

Sang! Von der Verheissung

lüg - nerischem Klang. der ei - - seskalt mir durch die See - le

schnitt, trieb Grau - - - sen mich hin -

acceler: Più Allegro.

weg mit wil - dem Schritt!

Dahin zog's mich, wo ich der

Wonn' und Lust so viel ge - noss, an ih - re war - me

su- - chen! WOLFR. Wie leicht____ fand ich doch

Halt ein!

ein- - -sten dich! Du hörst, dass mir die

Un- sel'- ger!

Men- - schen flu- chen: nun, sü- - sse.

Göt- tin, lei- - - te mich!

Finstere Nacht; leichte Nebel verhüllen allmählig die Scene.
WOLFR. (in heftigem Grausen.)

Wahn - sin-ni-ger! Wen rufst du an?

WOLFR.

In wil-dem Schau - er bebt die Brust!

TANNH. (immer

Das ist der

aufgeregter je näher der Zauber kommt.)

Nymphen tan-zende Men - ge! Herbei! Herbei! Herbei, her-

Wirre Bewegungen tanzender Gestalten werden erkennbar.

bei zu Wonn' und Lust!

WOLFR.

Weh! Bö - ser Zau-ber thut sich

auf! Die Höl - - le naht___ mit wil-dem

In einer hellen rosigen Beleuchtung erscheint Venus, auf ihrem Lager ruhend.

-nusberg drangen wir ein!

VENUS.
Will-kommen, un-getreu-er Mann!

Schlug dich die Welt in Acht und Bann? Und findest nir-

-gend du Er-bar---men, suchst Lie-be du in mei-nen

TANNH.
Ar---men? Frau Ve-nus, o Erbar-mung-rei--che!

WOLFR.
Zau-ber der Höl--le, wei--che,

Zu dir, zu dir zieht es mich hin! Nahst du dich

wei - che! Be - rü - cke nicht des Rei - - nen Sinn!

wie - der mei - ner Schwel - - le, sei dir dein Ü - bermuth ver-

ziehn; e - wig fliesse dir der Freu - den Quel - -

- le, und nimmer sollst du von mir fliehn!

TANNH. (indem er sich mit wilder Entschlossenheit von Wolfram losreisst.)

Mein Heil, mein

Heil _____ hab' ich ver - lo - ren, nun sei der

WOLFR.
All - mächt' - - ger! Steh' demFrom - men

VENUS. (in keimender Angst.)
O komm!

Höl - - le Lust er - ko - - ren!

Er hält Tannhäuser von Neuem.
bei! Hein - rich! Ein

O komm! Auf e - - wig sei nun

(zu Wolfram.)
Lass'ab!

Wort, _____ es macht dich frei! Dein

neu Sarge, in welchem Elisabeth's Leiche von ihnen getragen wird;
der Landgraf, Ritter und Edle folgen dem Sarge.

Hier macht Wolfram eine Geberde, welche die Sänger, als sie
Tannhäuser erkennen, bewegt, den Sarg nieder zu setzen.

Heil! ___ Er - lösung ward der Welt zu Theil! ___ Es that in nächtlich

heil'-ger Stund' der Herr sich durch ein Wun-der kund: den dür-ren Stab in

Prie-ster's Hand hat er geschmückt mit ___ fri - schem Grün: dem

Sün - der in der Höl - le Brand soll so Er-lö - sung neu ___ erblühn! Ruft

ihm — es zu durch al - le Land, der durch dies Wun - der

Gna - de fand! Hoch — ü - ber al - - ler Welt ist

Gott, und sein Er - bar - men ist

Frie - - - - - den!

Frie - - - - - den!

Frie - - - - - den!

- - lu - - ja!

Frie - - - - - den!

Der Vorhang fällt.

ff

Ped. * Ped.

* Ende der Oper.

© 1993 by Könemann Music Budapest Kft. · H-1027 Budapest, Margit krt. 64/b.

K 1010

Distributed worldwide by
Könemann Verlagsgesellschaft mbH · Bonner Str. 126. D-50968 Köln
Responsible co-editor: Tamás Zászkaliczky
Production: Detlev Schaper
Cover design: Peter Feierabend
Technical editor: Dezső Varga

Printed by: Kossuth Printing House Co., Budapest
Printed in Hungary

ISBN 963 8303 15 8